Une réflexion critique autour des mécanismes de gouvernance des coopératives

Protection des investisseurs externes et renforcement de l'identité coopérative au Québec

Daniel Djedi, Ph. D.

Une réflexion critique autour des mécanismes de gouvernance des coopératives : protection des investisseurs externes et renforcement de l'identité coopérative au Québec
Daniel Djedi
© 2021 Les Éditions JFD inc.

Catalogage avant publication de Bibliothèque et Archives nationales du Québec et Bibliothèque et Archives Canada

Titre : Une réflexion critique autour des mécanismes de gouvernance des coopératives : protection des investisseurs externes et renforcement de l'identité coopérative au Québec/ Daniel Djedi.

Identifiants : Canadiana 20190036389 | ISBN 9782897990800

Vedettes-matière : RVM : Coopératives – Québec (Province) – Gestion.

Classification : LCC HD3450.A3 Q8 2020 | CDD 658/.04709714–dc23

Les Éditions JFD inc.
CP 15 Succ. Rosemont
Montréal (Québec)
H1X 3B6

Courriel : info@editionsjfd.com
Web : editionsjfd.com

Tous droits réservés.
Toute reproduction, en tout ou en partie, sous quelque forme et par quelque procédé que ce soit, est strictement interdite sans l'autorisation écrite préalable de l'éditeur.

ISBN : 978-2-89799-080-0
Dépôt légal : 1er trimestre 2021
Bibliothèque et Archives nationales du Québec
Bibliothèque et Archives Canada

Imprimé au Québec

Table des matières

Avant-propos 5

Introduction 7

Chapitre 1
Des mécanismes de gouvernance des coopératives confrontés à la maximisation du profit pour les investisseurs 13

1.1 Les contradictions de certains mécanismes de gouvernance des coopératives à la lumière des soubassements de la théorie de l'agence : cas des détenteurs des parts privilégiées participantes 16

1.2 Les limites de l'application de la théorie de l'agence à la coopérative : existence des membres-usagers et des particularités fondamentales de la coopérative incompatibles au capitalisme 24

Chapitre 2
Conciliation entre la conformité à l'objet de la coopérative et la profitabilité 29

2.1 Une gouvernance s'articulant autour de la conformité à l'objet de la coopérative 31

2.2 Une gouvernance basée sur la recherche de l'équilibre entre la maximisation du profit pécuniaire des membres internes et celui des membres externes : le cœur de la théorie du contrat social 37

Chapitre 3
La réciprocité des relations entre les coopérateurs et la coopérative dans la réalisation de leurs attentes réelles et abstraites 43

3.1 La subordination de l'adhésion d'un membre à l'utilisation réelle des services de la coopérative : fondement de la réciprocité des attentes réelles entre les membres et la coopérative 45

3.2 Les valeurs coopératives comme mécanismes de confiance ou d'attentes abstraites entre les membres et la coopérative 47

Observations finales 49

Tables bibliographiques 51

Avant-propos

La coopérative est une forme d'entreprise hybride qui tente de concilier le capital et les préoccupations socio-économiques et/ou culturelles des membres. Elle est à la fois une entreprise et une association et place l'être humain au cœur de l'activité économique.

À travers une analyse théorique tridimensionnelle décrivant la réalité coopérative, on découvre plusieurs problèmes de gouvernance des coopératives québécoises.

Premièrement, la théorie de l'agence permet de constater la réalité coopérative de la maximisation du profit financier malgré certaines limites (une réalité légale basée sur le régime d'investissement coopératif et la *loi sur les coopératives*). C'est ce qui révèle quelques contradictions de ses mécanismes de gouvernance.

Deuxièmement, la théorie du contrat social décrit l'équilibre de la réalité coopérative de la recherche de la maximisation du profit pour les investisseurs et la satisfaction des intérêts des membres (du point de vue de la *loi sur les coopératives* qui reconnaît la coopérative comme association et comme entreprise). Dès lors, la divergence des intérêts des membres et ceux des investisseurs pose notamment le problème du profil du Conseil d'administration (CA).

Troisièmement, la théorie du contrat psychologique met en exergue la dimension informelle de la réciprocité des relations entre les coopérateurs et la coopérative dans la réalisation de leurs attentes réelles et abstraites (du point de vue des valeurs de l'Alliance coopérative internationale « ACI »). Toutefois, aucun mécanisme actuel de gouvernance ne permet de garantir de manière objective le respect de la réciprocité dans la réalisation des attentes réelles entre les coopérateurs et la coopérative.

Malgré l'existence des avantages à investir dans une coopérative au Québec, la prise en compte des problèmes de gouvernance des coopératives dans les prochaines réformes de la *Loi sur les coopératives* ou dans les discussions sur les coopératives peut permettre de renforcer la réalité coopérative et d'attirer un peu plus d'investisseurs. L'enjeu demeure celui de garder un équilibre entre l'identité coopérative et son ouverture à l'investissement des non-membres.

Introduction

La gouvernance des coopératives peut être entendue comme un ensemble des mécanismes de fonctionnement, de contrôle et de responsabilisation qui régissent la prise de décisions dans ces types d'entreprises[1]. Ces mécanismes permettent à l'entreprise de poursuivre sa mission et d'atteindre ses objectifs[2]. Dans les coopératives, la mission est définie par les membres qui en assurent le contrôle[3].

La coopérative est une association regroupant des personnes ayant en commun des préoccupations socio-économiques et/ou culturelles au moyen d'une entreprise fondée sur des règles particulières[4]. Ces règles sont adoptées par le législateur afin de lui permettre de répondre aux

---

1. Gérard CHARREAUX, « Les théories de la gouvernance : de la gouvernance des entreprises à la gouvernance des systèmes nationaux », Cahier du FARGO (2004), n° 1040101 ; Jonathan R. MACEY, Corporate governance: promises kept, promises broken, New jersey, Princeton University Press, 2008, p. 2 et 46; Pascal DURAND-BARTHEZ, Le guide de la gouvernance des sociétés, éd. Dalloz, Paris, 2016, p. 5.
2. Anaïs PÉRILLEUX, « La gouvernance des coopératives d'épargne et de crédit en microfinance : un enjeu de taille », Reflets et perspectives de la vie économique 3/2009 (Tome XLVIII), p. 14.
3. Id.
4. Loi sur les coopératives, RLRQ., c. C-67.2, art. 3; Claude PICHETTE avec la collab. de Jean-Claude MAIILHOT, Analyse microéconomique et coopérative, Sherbrooke, Librairie de la Cité universitaire, 1972, p. 38 ; ALLIANCE COOPÉRATIVE INTERNATIONALE, Identité coopérative, en ligne : <https://www.ica.coop/fr/coopératives/identite-cooperative> (consulté le 29 octobre 2019). L'ACI est une association indépendante et non gouvernementale qui regroupe, représente et assiste les coopératives du monde entier. Fondée à Londres en 1895, l'ACI compte 267 membres dans 96 pays, et dans tous les secteurs d'économie. Toutes ces coopératives représentent quelque 1 milliard de personnes dans le monde entier. Son siège social se trouve à Genève en Suisse. Selon l'ACI, « les valeurs fondamentales des coopératives sont la prise en charge et la responsabilité personnelles et mutuelles, la démocratie, l'égalité, l'équité et la solidarité, l'honnête, la transparence, la responsabilité sociale et l'altruisme ». Quant aux principes de la coopérative, l'ACI énonce également « l'adhésion volontaire, le pouvoir démocratique exercé par les membres, la participation économique des membres, l'autonomie et l'indépendance, l'éducation, la formation et l'information, la coopération entre les coopératives et l'engagement envers la communauté » ; CONSEIL QUÉBÉCOIS DE LA COOPÉRATION ET DE LA MUTUALITÉ, Principes et valeurs coop, en ligne : <https://www.cqcm.coop/quisommesnous/principes-et-valeurs-coop/> (consulté le

préoccupations de ses membres[5]. Parmi ces règles qui permettent à la coopérative de remplir sa mission, il y a notamment celles concernant l'intérêt limité sur le capital, la règle d'un membre égal une voix, celle portant sur la constitution obligatoire de la réserve, etc.[6]

Les règles d'action coopérative n'excluent pas la réalisation du profit pour les membres. Cependant, il est encadré[7]. En effet, la coopérative concilie la réalisation du profit et les préoccupations extra financières des membres[8]. C'est ce que Chris CORNFORTH qualifie de paradoxe coopératif[9].

Au Québec, on distingue deux cadres législatifs sur les coopératives. D'abord, il y a la *Loi sur les coopératives non financières* qui régit les coopératives n'exerçant pas des activités d'épargne et de crédit[10]. Ensuite, la *Loi sur les coopératives de services financiers* qui est consacrée aux coopératives exerçant les activités d'épargne et de crédit[11].

Même si le droit québécois des coopératives reste le seul cadre juridique de référence pour cette étude des mécanismes de gouvernance des coopératives, il faudrait tout de même remarquer que les règles dites d'action coopérative ne sont que l'émanation des principes et des valeurs édictés par l'Alliance Coopérative Internationale (ACI)[12].

---

21 octobre 2019); Daniel DJEDI DONGAMBOLO OHONGE, Le principe québécois de l'impartageabilité des coopératives non financières : discussion critique autour du maintien ou de la suppression, thèse de doctorat, Université de Montréal, 2016, p. 16.

5. *Loi sur les coopératives*, RLRQ., c. C-67.2, art. 4; *Loi sur les coopératives de services financiers*, RLRQ., c. C-67.3, art. 4.

6. *Id.*; ALLIANCE COOPÉRATIVE INTERNATIONALE, préc., note 4.

7. *Id.*

8. CONSEIL QUÉBÉCOIS DE LA COOPÉRATION ET DE LA MUTUALITÉ, préc., note 4.

9. Chris CORNFORTH, « La gouvernance des coopératives et des sociétés mutuelles : une perspective de paradoxe, Économie et Solidarité, volume 35, numéro 1-2, 2004, p. 83 et 89.

10. *Loi sur les coopératives*, RLRQ., c. C-67.2, art. 3.

11. *Loi sur les coopératives de services financiers*, RLRQ., c. C-67.3, art. 3; D. DJEDI DJONGAMBOLO OHONGE, préc., note 4. L'auteur définit et analyse en détail la notion juridique de la coopérative.

12. ALLIANCE COOPÉRATIVE INTERNATIONALE, préc., note 4.

Il s'agit donc d'un droit des coopératives proche du mouvement québécois et de l'ACI, qui édicte des principes et des valeurs applicables à toutes les coopératives dans le monde[13]. Ainsi, la similarité entre les dispositions législatives sur les coopératives au Québec et les normes édictées par l'ACI inscrit cette recherche dans une perspective d'analyse plus large et complexe[14]. Dès lors, on peut se demander quel aurait été l'intérêt de prendre comme référence plusieurs ordres juridiques nationaux dans cette étude sur les mécanismes de gouvernance des coopératives. Le lien établi entre la législation québécoise sur les coopératives et l'ACI ferait indirectement référence aux autres ordres juridiques nationaux sur les coopératives malgré quelques particularités qui peuvent exister. En effet, il se constate largement que presque tous les ordres juridiques nationaux sur les coopératives s'inspirent directement des principes et des valeurs (mécanismes) édictés par l'ACI pour élaborer leurs propres règles d'action coopérative. Donc, la référence au cadre juridique québécois et à l'ACI semble bien suffisante dans le cadre de cette étude.

Le thème de la gouvernance des coopératives est très peu développé dans la littérature consacrée à ces types d'organisation ou est tout simplement « sous-théorisé »[15]. Même dans la littérature touchant aux organisations sans but lucratif d'une manière générale, l'on aborde la question de la gouvernance sous l'angle spécifique du cadre légal particulier applicable[16]. Ainsi, on décrit les pouvoirs et les fonction-

---

13. *Id.*
14. D. DJEDI DJONGAMBOLO OHONGE, préc., note 4, p. 302 ; C. PICHETTE, préc., note 4, p. 37.
15. C. CORNFORTH, préc., note 9, p. 82 ; Nacer-Eddine SADI et Françoise MOULIN, « Gouvernance coopérative : un éclairage théorique », Revue internationale d'économie sociale : Recma, n° 333 2014, p.44-47 ; Bernard ENJOLRAS, « Approche théorique de la gouvernance des organisations non lucratives », Revue internationale de l'économie sociale : Recma, n° 314, 2009, p. 63-64 ; Jorge MUNOZ, Mario RADRIGAN RUBIO et Yann REGNARD, La gouvernance des entreprises coopératives, Presses Universitaires de Rennes, 2008, p. 14-15.
16. Victor FUTTER, Judith A. CION et George W. OVERTON, Non-profit Governance and Management, American Society of Corporate Secretaries; Chicago, Ill. : Section of Business Law, American Bar Association, 2002, p. 3-669; American Bar Association, The committee on Non-profit Corporations, Chicago, I11, 1986, ch.1-ch. 14.

nements de leurs conseils d'administration, les règles comptables et celles concernant leur gestion[17]. Dès lors, il est permis de penser qu'il y a aujourd'hui un intérêt doctrinal à s'intéresser à ce sujet au Québec.

Les théories économiques qui peuvent s'appliquer à l'analyse des mécanismes de gouvernance des coopératives se caractérisent par leur unidimensionnalité. C'est ce qui ne permet pas de rendre parfaitement compte de la complexité de la coopérative[18]. D'où la singularité de cette étude qui se base sur une approche tridimensionnelle de la réalité coopérative. Néanmoins, cette recherche n'a pas pour but de proposer un nouveau cadre conceptuel qui permettrait d'analyser la gouvernance des coopératives. Il s'agit ici d'une réflexion critique autour des mécanismes de gouvernance des coopératives à partir de trois théories économiques pertinentes qui décrivent la réalité coopérative. C'est ce qui s'inscrit dans le cadre de la théorie de paradoxe proposée par Chris Cornforth[19].

Ainsi, la question qui se pose est la suivante : quels sont les problèmes de gouvernance des coopératives québécoises à la lumière des théoriques économiques pertinentes qui décrivent la réalité coopérative ?

Pour répondre à ce questionnement, cette étude analysera le cadre législatif sur les coopératives au Québec, la jurisprudence disponible et toute lecture pertinente sur le thème de la gouvernance en sciences humaines et sociales. Elle prendra également en compte trois dimensions caractéristiques de la réalité coopérative, à savoir ; la dimension participative, celle relative à l'atteinte de ses objectifs et la dimension d'échange.

Elle est donc composée de trois chapitres distincts correspondants à chacun de ces axes de la coopérative. Le premier chapitre qui porte sur l'analyse des mécanismes de gouvernance des coopératives à la lumière de la théorie de l'agence s'intéresse à la dimension participative de cette gouvernance dans les coopératives au Québec.

---

17. Id.
18. C. CORNFORTH, préc., note 9, p. 83 et 89 ; N.-E. SADI et F. MOULIN, préc., note 15, p.45.
19. Id.

Comment cette dimension s'incorpore-t-elle dans les soubassements de la théorie de l'agence et quels sont les problèmes qui peuvent être détectés ? (Chap. 1).

Le deuxième chapitre qui s'intitule les mécanismes de gouvernance des coopératives québécoises à la lumière de la théorie du contrat social, discutera des objectifs socio-économiques dans la gouvernance des coopératives au Québec. Quelle est l'adéquation entre les concepts sous-jacents à cette théorie et les objectifs poursuivis par la coopérative et quels sont les éventuels problèmes qui peuvent être mis en exergue ? (Chap. 2).

Enfin, le troisième chapitre qui porte sur les mécanismes de gouvernance des coopératives à la lumière de la théorie de contrat psychologique, s'intéresse à la dimension d'échange dans la gouvernance des coopératives québécoises. Qu'est-ce qui permet de garantir la réciprocité des attentes réelles et abstraites des coopérateurs et de la coopérative ? (Chap. 3).

Des mécanismes de gouvernance des coopératives confrontés à la maximisation du profit pour les investisseurs

Une réalité coopérative éclairée par la théorie de l'agence

La théorie de l'agence oppose grosso modo les intérêts des propriétaires d'entreprise à ceux des gestionnaires[1]. Elle permet également d'expliquer les comportements opportunistes des actionnaires dominants contre les autres parties prenantes et les actionnaires minoritaires[2].

Cette théorie repose notamment sur le postulat selon lequel les gestionnaires peuvent agir dans leurs propres intérêts au détriment de l'intérêt des propriétaires, qui est celui de la maximisation du profit[3]. Par exemple, ils peuvent s'octroyer grâce à l'entreprise, une rémunération excessive ou s'offrir une voiture de luxe, de voyages, etc.[4] Ces différents avantages ne génèrent évidemment aucun revenu pour l'entreprise[5].

Pour remédier à ce risque de gouvernance, la théorie de l'agence suggère que le conseil d'administration contrôle les gestionnaires afin de s'assurer que ces derniers agissent dans l'intérêt des propriétaires[6]. On suppose également que la pression du marché ainsi que la fidélisation des dirigeants permettent de les discipliner[7]. Toutefois, ces mécanismes ou solutions de gouvernance que suggère la théorie de l'agence ont déjà montré leurs limites. Par exemple, pour que le conseil d'administration assure pleinement son rôle de surveillant, ce dernier doit être indépendant vis-à-vis de la gestion

---

1. C. CORNFORTH, préc., note 9, p. 85 ; Raymonde CRETE et Stéphane ROUSSEAU, Droit des sociétés par actions, 3è édi, Montréal, Édition Thémis, 2011, p. 313 ; Charles R.T. O'KELLEY and Robert B. THOMPSON, Corporations and other business associations: cases and materials, Seventh ed. New York, Wolkers Kluwer Law and Business, 2014, p. 6.
2. R. CRÊTE et S. ROUSSEAU, préc., note 20, p. 313.
3. C. CORNFORTH, préc., note 9, p. 85 ; Peter ASCH, Economic theory the antitrust dilemma, New York, John Wiley and Sons, Inc., 1970, p. 93 ; Ejan MACKAAY, Analyse économique du droit, 2è édi, Paris, Édition Dalloz, 2008, p. 495 ; Ivan TCHOTOURIAN, « La loi Grenelle II où le temps de réviser la gouvernance actionnariale : propos iconoclastes d'un juriste sur
l'avenir des théories économiques et financières », en ligne : <https://papyrus.bib.umontreal.ca/xmlui/bitstream/handle/1866/4670/Project_RevueFinancier_IT.pdf?sequence=1&isAllowed=y> (consulté le 6 septembre 2016).
4. R. CRÊTE et S. ROUSSEAU, préc., note 20, p. 313.
5. Id.
6. C. CORNFORTH, préc., note 9, p. 85.
7. Id. ; R. CRÊTE et S. ROUSSEAU, préc., note 20, p. 313 ; J. R. MACEY, préc., note 1, p. 46 et 118-119.

et être compétent[8]. Ce qui n'est pas toujours le cas. Il y a aussi des problèmes liés aux coûts de transaction y compris de nombreux scandales financiers qui ont secoué la « firme » classique ces dernières années : affaires Enron, Vivendi, France Télécom, etc.[9] Dans cette perspective, la coopérative présenterait un avantage par rapport à l'entreprise traditionnelle (société par actions) grâce à la double qualité de propriétaire-usager, qui permet de réduire le nombre des transactions et l'absence de recours au marché conformément à ses principes et à ses valeurs[10].

Il est alors légitime de se demander dans quelle mesure cette théorie de l'agence, qui a également montré ses limites peut-elle s'appliquer dans le cadre d'une entreprise qui vise globalement à dépasser le modèle capitaliste grâce à l'application de ses principes et de ses valeurs. Autrement dit, peut-on considérer que les notions de propriétaire et de l'agent ou gestionnaire existent dans le cadre de la coopérative afin d'analyser ses mécanismes de gouvernance à la lumière de la théorie de l'agence ?

On le verra ultérieurement qu'au Québec, la participation dans la coopérative revêt deux facettes : il y a des propriétaires au sens de la firme classique qui cherchent la maximisation de leur profit financier et des propriétaires-usagers dont l'intérêt est la satisfaction de leurs objectifs socio-économiques et/ou culturels communs. C'est une réalité coopérative. Il y a donc une cohabitation des notions de propriétaire, de profit et celle de la satisfaction des préoccupations extra financières. On comprend alors pourquoi Cornforth[11] utilise la théorie de l'agence parmi celles pouvant analyser la complexité coopérative. Donc, contrairement aux apparences, la théorie de l'agence qui s'applique traditionnellement à l'entreprise capitaliste constitue aussi un outil de mesure des mécanismes de gouvernance des coopératives du fait de l'existence des notions de profit et de

---

8. *Id.*
9. N.-E. SADI et F. MOULIN, préc., note 15, p.46 ; R. CRÊTE et S. ROUSSEAU, préc., note 20, p. 313 ; Robert A. G. MONKS and Nell MINOW, Corporate governance, 3rd ed. Malden, Blackwell Publishing, 2004, p. 1-3 ; C. R.T. O'KELLEY and R. B. THOMPSON, préc., note 20, p. 7.
10. *Id.*
11. *Id.*

propriétaires dans ce type d'entreprise. Toutefois, l'utilisation de cet outil d'analyse sera nuancée dans le cadre de la coopérative, car celle-ci est principalement tournée vers ses membres usagers.

La théorie de l'agence s'applique donc à la coopérative en ce qui concerne la participation au capital des détenteurs des parts privilégiées participantes. Cela met en exergue quelques contradictions des mécanismes de gouvernance des coopératives par rapport à cette réalité ou cette catégorie d'investisseurs (1.1). En revanche, il conviendrait de nuancer l'application de cette théorie à la coopérative compte tenu de la singularité de la notion des propriétaires-usagers et au regard des caractéristiques fondamentales de ce type d'entreprise, qui l'éloignent de la firme classique (1.2).

1.1 Les contradictions de certains mécanismes de gouvernance des coopératives à la lumière des soubassements de la théorie de l'agence : cas des détenteurs des parts privilégiées participantes

Les parts privilégiées participantes sont un titre financier conféré par la coopérative à un investisseur entrant dans le capital social (une réalité légale)[12]. Cette catégorie de parts qui a été créée lors de la réforme de la *Loi sur les coopératives* de 2003 ne peut être émise qu'aux non-membres, c'est-à-dire aux investisseurs externes au mouvement coopératif et dans les conditions fixées par le conseil d'administration[13]. Les détenteurs de ces types de parts peuvent être des personnes physiques ou des sociétés[14]. Ils ne sont ni membres de soutien ni membres auxiliaires de la coopérative et jouissent de plusieurs avantages[15].

---

12. *Loi sur les coopératives*, RLRQ., c. C-67.2, art. 49.1; D. DJEDI DJONGAMBOLO OHONGE, préc., note 4, p.45.
13. *Id.*
14. *Loi sur le régime d'investissement coopératif*, RLRQ., c. R-8.1.1, art. 9.
15. *Id.*

D'une part, La *Loi sur les coopératives* prévoit un rendement annuel possible de 25 % maximal pour ces investisseurs externes à la coopérative[16]. Le législateur prévoit également que l'intérêt attaché aux parts privilégiées participantes peut inclure une participation aux trop-perçus ou excédents à hauteur de 25 % maximal[17].

D'autre part, lorsque le règlement de la coopérative prévoit plusieurs catégories de ces types de parts, la *Loi sur les coopératives* oblige le conseil d'administration à déterminer le montant, les privilèges, les droits et les restrictions ainsi que les conditions de rachat, de remboursement ou de transfert afférents à chacune de ces catégories. De plus, le taux d'intérêt de chacune de ces séries peut être différent[18]. Enfin, les parts privilégiées participantes peuvent conférer à son détenteur le « droit d'être convoqué à l'assemblée générale et d'y participer sans le droit de parole »[19].

Étant propriétaires de leurs parts comme cela existe dans n'importe quelle entreprise, ces investisseurs qui participent à la capitalisation de la coopérative sont confrontés aux mêmes enjeux de gouvernance décrits par cette théorie de l'agence, à savoir notamment la question de contrôle et celle d'antagonisme d'intérêt entre les investisseurs et les gestionnaires[20]. En effet, peu importe le type de coopérative ou sa législation, on constate qu'il se développe de plus en plus des comportements opportunistes et individualistes dans la coopérative qui peuvent être une source de distanciation entre les différents intérêts[21].

Au Québec, il n'est pas interdit aux dirigeants de la coopérative d'augmenter leurs salaires, de s'octroyer des avantages, etc.[22] Dès lors, on peut légitimement se demander, comment les investisseurs

---

16. *Loi sur les coopératives*, RLRQ., c. C-67.2, art. 49.4 et 143.
17. *Id.*
18. *Id.*, art. 49.1.
19. *Id.*, art. 49.3 et 48.
20. C. CORNFORTH, préc., note 9, p. 85 ; R. CRÊTE et S. ROUSSEAU, préc., note 20, p. 313.
21. Chantal CHOMEL, Francis DECLERCK, Maryline FILIPI, Olivier FREY et René MAUGET, *Les coopératives agricoles : Identité, gouvernance et stratégies*, Éditions Larcier, Bruxelles, 2013, p. 150.
22. D. DJEDI DJONGAMBOLO.OHONGE préc., note 4, p. 203.

non-membres de la coopérative peuvent-ils s'assurer que les dirigeants de cette dernière ne vont pas œuvrer uniquement dans le but de rechercher la satisfaction des besoins socio-économiques et/ou culturels des membres internes ou la satisfaction de leurs propres intérêts ? Est-ce que les mécanismes actuels de gouvernance des coopératives permettent de répondre positivement à cette question ?

1.1.1 L'impossibilité pour les investisseurs externes d'exercer le contrôle des gestionnaires de la coopérative

Cette impossibilité résulte du fait que le droit de vote n'est pas conféré aux détenteurs des parts privilégiées participantes même s'ils peuvent seulement être convoqués à l'assemblée générale et y participer sans le droit de parole[23]. Or, l'exercice de ce droit démocratique est une question cruciale, car il permet d'élire les administrateurs qui sont appelés notamment à exercer d'une manière générale un contrôle sur les dirigeants[24]. En effet, il appartient aux administrateurs d'arrêter les orientations stratégiques de leur coopérative et de veiller à leur application[25].

L'interdiction du droit de vote pour les investisseurs externes rend le contrôle des dirigeants impossible au sens de la théorie de l'agence. Donc, il s'agit d'un problème de gouvernance évident pour la coopérative en ce qui concerne les détenteurs des parts privilégiées participantes, qui n'ont pas le droit de vote pouvant leur permettant d'élire les administrateurs. On constate tout simplement une contradiction entre ce mécanisme de gouvernance (droit démocratique) et le contrôle des gestionnaires par les investisseurs externes (détenteurs des parts privilégiées participantes) qui est une réalité des coopératives autorisées à émettre ces types des parts.

---

23. *Loi sur les coopératives*, RLRQ., c. C-67.2, art. 49.3 ; Institut français des administrateurs, Guide des gouvernances des coopératives et des mutuelles, Paris, 2013, p. 15, en ligne : <http://www.avise.org/sites/default/files/atoms/files/ifa_201312_gouvernance_coop_mutuelle.pdf> (Consulté le 20 juillet 2016).
24. *Loi sur les coopératives*, RLRQ., c. C-67.2, art. 76 ; P. DURAND-BARTHEZ, préc., note 1. P.103.
25. Institut français des administrateurs, préc., note 43, p. 12 ; *Loi sur les coopératives*, RLRQ., c. C-67.2, art. 89.

Même si la coopérative décide d'octroyer le droit de vote à ces types d'investisseurs, elle risque d'être en contradiction totale avec ses propres règles d'action, car les détenteurs de ces parts ne sont pas membres internes[26]. Ainsi, cette question de contrôle des gestionnaires par les investisseurs externes grâce au droit de vote semble extrêmement délicate pour ne pas dire insoluble. Alors, faut-il supprimer cette catégorie des parts pour ne pas être en contradiction avec les soubassements de la théorie de l'agence ou en contradiction avec les règles d'action coopérative ? Il est indéniable que la coopérative a besoin des capitaux comme toute entreprise pour faire face à ses défis. Il serait donc inopportun de la priver des investisseurs externes. Cependant, un débat sur l'équilibre à trouver entre les besoins des non-membres et le mécanisme de droit de vote au regard de la théorie de l'agence est souhaitable.

Malgré donc l'effort entrepris par la *Loi sur les coopératives* afin d'ouvrir la capitalisation de la coopérative aux investisseurs externes, il existe cette contradiction entre l'enjeu de gouvernance qu'est le contrôle des gestionnaires et la règle d'action coopérative relative au droit de vote. Ce problème de contrôle est encore plus difficile pour les détenteurs des parts privilégiées tout court. En effet, non seulement que ces derniers n'ont pas le droit de vote, mais ne peuvent, ni être convoqués et assister à une assemblée générale ni être éligibles à une fonction au sein de la coopérative[27].

À la différence des parts privilégiées participantes, les parts privilégiées peuvent être émises aux non-membres et aux membres internes[28]. Elles sont soumises à un délai de 3 ans avant tout transfert, rachat ou remboursement alors que pour les parts privilégiées participantes, ce délai est laissé à la discrétion du conseil d'administration[29].

Même si les détenteurs de ces types de parts (privilégiées) n'ont aucun droit démocratique ou de participation à une fonction au sein de la coopérative et ne disposant par conséquent, d'aucun moyen de contrôle des gestionnaires, ils ont quand même un avantage

---

26. *Loi sur les coopératives*, RLRQ., c. C-67.2, art. 4.
27. *Id.,* art. 49.
28. *Id.,* art. 46.
29. *Id.,* art. 46 et 49.1.

concurrentiel sur le plan fiscal par rapport aux parts privilégiées participantes[30]. En effet, ces détenteurs sont les seuls particuliers qui peuvent bénéficier des déductions fiscales sur la base de la *Loi concernant les paramètres sectoriels de certaines mesures fiscales*[31]. Mais, dans tous les cas, les détenteurs des parts privilégiées tout court et participantes n'ont pas la possibilité de contrôler les gestionnaires au regard des soubassements de la théorie de l'agence, car ils n'ont pas le droit de vote, crucial pour exercer un tel contrôle. Donc, il conviendrait de revoir ce mécanisme de droit de vote par rapport à l'investissement externe en permettant le contrôle de la gestion de la coopérative tout en gardant l'identité de cette dernière.

1.1.2 Le statut des administrateurs : un autre frein au contrôle des dirigeants et un révélateur de contradiction avec la règle coopérative de la prise en charge par les membres

Une autre contradiction coopérative qui mérite d'être soulignée par rapport à la théorie de l'agence est celle relative au statut des administrateurs. Dans la coopérative, ce statut est en principe celui du bénévolat, car l'administrateur n'a droit à aucune rémunération même si on peut lui rembourser ses frais de déplacement et lui octroyer une allocation de présence dans les conditions fixées par l'assemblée des membres[32].

Ce statut de bénévole conduit dans une certaine mesure les administrateurs à être moins impliqués dans les affaires de la coopérative : c'est ce qui coïncide avec la faible participation qui existe déjà aux réunions du conseil d'administration de la coopérative[33]. De plus, ne peut être admissible à la fonction d'administrateur que toute personne qui est membre interne de la coopérative ou du mouvement coopératif même si un membre externe peut être élu à ce poste avec

---

30. *Loi concernant les paramètres sectoriels de certaines mesures fiscales,* RLRQ c P-5, art. 5.2.
31. *Id.*
32. Institut français des administrateurs, préc., note 43, p. 29 ; *Loi sur les coopératives,* RLRQ, c. C-67.2, art. 102.
33. C. CORNFORTH, préc., note 9, p. 88.

uniquement un droit de parole[34]. Donc, les seuls administrateurs qui ont le droit de vote sont seulement ceux qui ont la qualité de membre interne de la coopérative.

Or, il s'avère que ces membres internes qui sont à la recherche de la satisfaction de leurs différents besoins socio-économiques et/ou culturels, et qui sont ensuite élus comme administrateurs de la coopérative, n'ont généralement pas les compétences techniques nécessaires pour guider et faire appliquer les orientations stratégiques de l'entreprise[35]. Cette impossibilité pour les investisseurs externes de se faire élire comme administrateurs de la coopérative et les problèmes des compétences techniques qui manquent souvent à ceux qui ont le droit d'avoir ce statut d'administrateur (membres internes) compliquent davantage leur chance de s'assurer du contrôle des dirigeants par les administrateurs au regard de la théorie de l'agence[36].

Dans l'état actuel du droit des coopératives au Québec, le législateur ne prévoit que la formation des administrateurs ou des coopérateurs en matière de coopération[37]. En revanche, ce type de formation ne porte pas par exemple sur l'acquisition par les administrateurs des compétences nécessaires à la lecture des états financiers[38]. En effet, du point de vue légal, une coopérative n'est pas tenue d'offrir une telle formation à ses administrateurs.

Ce problème lié au statut des administrateurs pourrait même être très dangereux pour la gestion globale de la coopérative d'autant plus que ces derniers disposent des pouvoirs larges pour l'administration de l'entreprise[39]. Par ailleurs, un conseil d'administrateur qui n'a pas des compétences nécessaires permettant d'orienter la stratégie de

---

34. *Loi sur les coopératives*, RLRQ., c. C-67.2, art. 81, 81-1 ; C. CORNFORTH, préc., note 9, p. 88.
35. *Baldé* c. *Coopérative d'habitation Les Deux Rues* 2009 QCCS 5270 ; C. CORNFORTH, préc., note 9, p. 85 et 88 ; D. DJEDI DJONGAMBOLO OHONGE, préc., note 4, p. 286.
36. C. CORNFORTH, préc., note 9, p. 85 et 88 ; D. DJEDI DJONGAMBOLO OHONGE, préc., note 4, p. 286.
37. *Loi sur les coopératives*, RLRQ., c. C-67.2, art. 4.7.
38. *Loi sur les coopératives*, RLRQ., c. C-67.2, art. 4.7, 83, 89.6, 211.3, 224.4.4 (2), 225.6 ; D. DJEDI DJONGAMBOLO OHONGE, préc., note 4, p. 286.
39. *Loi sur les coopératives*, RLRQ., c. C-67.2, art. 89 ; D. DJEDI DJONGAMBOLO OHONGE, préc., note 4, p. 204.

l'entreprise et de veiller à son application risque tout simplement de se transformer en une tribune de validation des décisions prises par les dirigeants[40]. Il y a donc une contradiction entre les soubassements de la théorie de l'agence et la règle coopérative de la prise en charge par les membres qui, en revanche, permet ce type de gestion peu importe les compétences ou non des administrateurs en la matière[41]. Cette règle d'action coopérative est une contradiction par rapport à la possibilité pour les investisseurs externes de contrôler les dirigeants de la coopérative grâce aux compétences ou au statut des administrateurs.

1.1.3 Le problème de l'intérêt limité sur le capital

La règle de l'intérêt limité sur le capital fait également partie des principes coopératifs édictés par l'ACI lors de ses différents congrès, et qui sont repris par le législateur québécois dans l'article 4 de la *Loi sur les coopératives*[42]. Cette règle constitue une différence fondamentale entre la coopérative et l'entreprise capitaliste, c'est-à-dire celle qui recherche principalement la maximisation du profit[43].

Toutefois, le profit pécuniaire n'étant pas absent de la coopérative, l'intérêt limité sur le capital s'avère être en contradiction avec cette recherche de la maximisation du profit des investisseurs externes au regard de la théorie de l'agence[44]. En effet, en faisant appel aux détenteurs de parts privilégiées participantes, qui sont à la recherche de la maximisation du profit, ce principe peut constituer un irritant pour cette catégorie des investisseurs[45]. D'ailleurs, il y a même l'idée que certains membres internes seraient principalement intéressés par

---

40. C. CORNFORTH, préc., note 9, p. 89.
41. *Loi sur les coopératives*, RLRQ., c. C-67.2, art. 4.
42. *Id.* ; Fernando NOËL, *Droit québécois des coopératives*, volume 1, Institut de recherche et d'enseignement pour les coopératives de l'Université de Sherbrooke, faculté des arts, 1982, p. 376 ; Brett FAIRBAIRN, *The meaning of Rochdale: The Rochdale pioneers and the co-operatives principle*, occasional paper series, Centre for the study of Co-operatives, University of Saskatchewan, 1994, p. 30.
43. *Id.*
44. C. CORNFORTH, préc., note 9, p. 85 ; P. ASCH, préc., note 22, p. 93 ; E. MACKAAY, préc., note 22, p. 495 ; I. TCHOTOURIAN, préc., note 22 ; *Loi sur les coopératives*, RLRQ., c. C-67.2, art. 4 ; D. DJEDI DJONGAMBOLO OHONGE, préc., note 4, p. 291 ; C. PICHETTE, préc., note 4, p. 38.
45. D. DJEDI DJONGAMBOLO OHONGE, préc., note 4, p. 291.

la maximisation du profit financier dans la coopérative[46]. Il s'agit là également d'un troisième mécanisme de gouvernance des coopératives qui ne répond pas aux exigences de la théorie de l'agence. Une discussion approfondie au sein du mouvement coopératif sur ce point ne peut qu'être encouragée.

1.1.4 La contradiction avec l'équité et la solidarité coopérative

Le contrôle externe suggéré par la théorie de l'agence pour discipliner les dirigeants trouve également sa place dans la coopérative. En effet, certains types de coopératives en l'occurrence les coopératives de travail, de travailleurs actionnaire, de solidarité et de producteurs peuvent faire appel public à l'épargne en émettant des parts privilégiées aux non-membres[47]. À cet effet, ces coopératives doivent faire une demande d'inscription en tant qu'assujettie auprès de l'autorité des marchés financiers (AMF), et elles seront soumises aux conditions générales de son règlement 51102[48]. C'est ce qui justifie encore une fois l'application de la théorie de l'agence à la coopérative.

Du point de vue même de la coopérative, la possibilité de négocier ces types de parts émises par la catégorie de coopératives précitées, c'est-à-dire celles admissibles au régime d'investissement coopératif peut s'avérer contradictoire avec les règles d'équité et de solidarité. En effet, l'admissibilité d'une catégorie de coopératives à l'appel public à l'épargne crée en quelque sorte une coopérative à deux vitesses : celle qui peut également fonctionner comme une société par actions en ouvrant son capital aux non-membres et une autre catégorie de coopératives (la majorité des coopératives) fonctionnant exclusivement selon les règles d'action coopérative. C'est ce qui semble être

---

46. *Id.*, p. 265.
47. *Loi sur le régime d'investissement coopératif*, RLRQ., c. R-8.1.1, art. 3 ; *Loi sur les coopératives*, RLRQ., c. C-67.2, art. 37 et 46 ; *Loi sur les valeurs mobilières*, RLRQ., c. V-1.1, art. 3 (5) ; MINISTÈRE DU DÉVELOPPEMENT ÉCONOMIQUE, DE L'INNOVATION ET DE L'EXPORTATION, Direction des coopératives. *Loi sur les coopératives*, Foire aux questions, Québec, Gouvernement du Québec, 2006, p. 4, en ligne : <http://collections.banq.qc.ca/ark:/52327/bs35273> (consulté le 10 août 2015).
48. *Loi sur les valeurs mobilières*, RLRQ., c. V-1.1, art. 3 (5) ; MINISTÈRE DU DÉVELOPPEMENT ÉCONOMIQUE, DE L'INNOVATION ET DE L'EXPORTATION, préc., note 67.

contradictoire avec les valeurs coopératives d'équité et de solidarité prônées par le coopératisme[49]. Cette distinction opérée au sein même des coopératives non financières ne semble pas respecter l'équité entre les coopératives et ne fait aucune preuve de solidarité entre elles.

La théorie de l'agence s'applique à la coopérative en ce qui concerne les détenteurs des parts privilégiées participantes en leur qualité des propriétaires. Leurs intérêts visant la maximisation du profit peuvent s'opposer aux intérêts des dirigeants de la coopérative et des membres internes. À la lumière des soubassements de cette théorie, il y a lieu de constater les contradictions des certaines règles d'action coopérative (mécanismes de gouvernance des coopératives) à savoir ; la règle limitant le droit de vote uniquement aux membres internes, celle relative à la prise en charge, le principe de l'intérêt limité sur le capital ainsi que l'équité et la solidarité coopérative. Cependant, l'application de cette théorie à la coopérative mérite d'être nuancée compte tenu des caractéristiques singulières de ce type d'entreprise.

1.2 Les limites de l'application de la théorie de l'agence à la coopérative : existence des membres-usagers et des particularités fondamentales de la coopérative incompatibles au capitalisme

Dans la coopérative, le concept des membres usagers diffère de celui des détenteurs des parts privilégiées participantes, qui sont des membres externes. Également, certaines caractéristiques de la coopérative qui seront analysées dans cette section s'avèrent incompatibles avec les soubassements de la théorie de l'agence. La méconnaissance de cette réalité risque de conduire à une analyse erronée et incomplète de la coopérative.

---

49. ALLIANCE COOPÉRATIVE INTERNATIONALE, préc., note 4 ; André MARTIN, Ernesto MOLINA et Michel LAFLEUR, « Le paradigme coopératif : proposition renouvelée pour répondre aux attentes de la société actuelle », Sherbrooke, *Cahiers de l'Institut de recherche et d'éducation pour les coopératives et pour les mutuelles de l'Université de Sherbrooke*, 2008, p. 14-17.

1.2.1 Des usagers ne recherchant pas principalement la maximisation du profit pécuniaire

Les membres usagers ne sont pas des propriétaires au sens de l'entreprise classique, car ils utilisent les services de la coopérative et cette dernière n'existe que pour satisfaire leurs besoins socio-économiques et/ou culturels communs[50]. Ainsi, la maximisation du profit, caractéristique des propriétaires d'entreprise au regard de la théorie de l'agence n'est pas le but recherché[51].

En effet, la caractéristique fondamentale de la coopérative n'est pas la maximisation du profit pécuniaire[52]. Toutefois, cela ne signifie pas que ce type de profit est absent, car les membres internes peuvent détenir des parts privilégiées qui leur confèrent des droits pécuniaires[53]. Il y a donc une diversité d'intérêt pour les membres usagers. C'est cette double casquette de membre et d'usager qui permet de mieux concilier le profit et la satisfaction des objectifs extra financiers. Donc, du point de vue des membres usagers leur profit financier et leurs objectifs extra financiers ne sont pas contradictoires.

1.2.2 Recherche par la coopérative d'un équilibre entre la satisfaction des besoins extra financiers et les préoccupations pécuniaires

Cet équilibre entre la satisfaction des besoins extra financiers et pécuniaires pour les membres-usagers auquel se consacre la coopérative peut renvoyer à certains concepts, qui sont dans l'air du temps pour toute forme d'entreprises. C'est le cas notamment des concepts de la responsabilité sociale des entreprises (RSE) et de l'intérêt de la société compte tenu de la similarité des objectifs qui sont poursuivis.

Même si la notion de RSE ne fait pas principalement partie de cette étude, il convient néanmoins de noter que celle-ci exprime l'idée que les entreprises ne devraient pas rechercher seulement la maximisation

---

50. C. CORNFORTH, préc., note 9, p. 85 ; *Loi sur les coopératives*, RLRQ., c. C-67.2, art. 4.
51. C. CORNFORTH, préc., note 9, p. 85.
52. Claude BÉLAND, L'évolution du coopératisme dans le monde et au Québec, Anjou, Éditions Fides, 2012, p. 158-159.
53. *Loi sur les coopératives*, RLRQ., c. C-67.2, art. 49.

du profit financier pour les actionnaires[54]. Elles peuvent intégrer des préoccupations sociales et environnementales à leurs activités traditionnelles de profit[55]. Donc, tout comme pour la coopérative, la RSE suggère l'idée de concilier le profit pécuniaire des préoccupations extra financières[56].

Quant au concept de l'intérêt de la société, qui se rapproche également de la notion des besoins socio-économiques et/ou culturels communs en ce sens qu'il permet aux administrateurs d'englober plusieurs intérêts dans l'appréciation de celui de la société, il pousse également à la réflexion sur la maximisation du profit des actionnaires au regard de la théorie de l'agence[57]. Cette diversité d'intérêts suggère que la maximisation du profit des actionnaires n'est plus l'objectif absolu recherché par la société par actions[58]. C'est ce qui permet de constater que même pour la société par actions, la maximisation du profit pécuniaire pour les actionnaires tel que cela est prôné par la

---

54. Catherine MALECKI, *Responsabilité sociale des entreprises : perspectives de la gouvernance d'entreprise durable*, Issy-les-Moulineaux, Éditions LGDJ, 2014, p. 29 ; François Guy TRÉBULLE, « Quel droit pour la RSE ? », dans François Guy. TRÉBULLE et Odile UZAN (dir.), *Responsabilité sociale des entreprises : regards croisés, droit et gestion*, vol. 42., Paris, Éditions Economica, 2011, p. 19 ; Philippe DIDIER, « Quelles normes pour la RSE ? », dans F. G.. TRÉBULLE et O. UZAN (dir.), *précité, note 1078*, p. 92 ; Stéphane ROUSSEAU et Ivan TCHOTOURIAN « Normativité et responsabilité sociale des entreprises : L'illustration d'une construction polysémique du droit de part et d'autre de l'Atlantique », 2011., p. 68-69.

55. Id.

56. *Loi sur les coopératives, RLRQ., c. C-67.2, art. 49.1* ; D. DJEDI DJONGAMBOLO OHONGE, préc., note 4, p.45 ; C. MALECKI, préc., note 74, p. 19.

57. *BCE Inc.* c. *Détenteurs de débentures de 1976*, [2008] 3 R.C.S. 560 ; *Magasins à rayons Peoples inc. (Syndic de)* c. *Wise*, [2004] 3 R.C.S. 461 ; *Loi canadienne sur les sociétés par actions,* L.R.C. 1985, c. C-44, art. 122 (1) : « Les administrateurs et les dirigeants doivent, dans l'exercice de leurs fonctions, agir : *a)* avec intégrité et de bonne foi au mieux des intérêts de la société ; *b)* avec le soin, la diligence et la compétence dont ferait preuve, en pareilles circonstances, une personne prudente. » ; *Loi sur les sociétés par actions,* RLRQ., c. S-31.1., art. 119 : « Sous réserve des dispositions de la présente section, les administrateurs sont soumis aux obligations auxquelles est assujetti tout administrateur d'une personne morale en vertu du Code civil. En conséquence, les administrateurs sont notamment tenus envers la société, dans l'exercice de leurs fonctions, d'agir avec prudence et diligence de même qu'avec honnêteté et loyauté dans son intérêt. Les dirigeants, en leur qualité de mandataires de la société, sont soumis, entre autres, aux mêmes obligations auxquelles sont tenus les administrateurs en vertu du deuxième alinéa. » ; *C.c.Q.,* art. 321-322.

58. Id.

théorie de l'agence est bien nuancée. Donc, même si pour la coopérative cette recherche d'équilibre entre le profit financier et les préoccupations extra financières s'inscrit dans le cadre de ses règles d'action, l'entreprise traditionnelle s'y rapproche également.

1.2.3 Les caractéristiques des parts sociales de la coopérative

De prime abord, il sied de noter que les parts sociales de la coopérative ne sont pas spéculatives, c'est-à-dire qu'elles ne sont pas négociables sur un marché financier contrairement aux parts privilégiées[59]. Elles sont nominatives et ne procurent aucun intérêt à leurs détenteurs[60]. En revanche, elles peuvent être remboursées dans les conditions prévues par la *Loi sur les coopératives*[61]. Donc, ce remboursement n'est pas automatique[62]. Ainsi, pour la majeure partie des coopératives, le risque d'être contrôlé par le marché au regard de la théorie de l'agence n'existe pas.

En conséquence, la théorie de l'agence connaît une autre limite d'application pour les coopératives qui ne sont pas admissibles au régime d'investissement coopératif ou qui ne peuvent pas théoriquement émettre des titres négociables sur un marché financier. Cette théorie se trouve également limitée lorsqu'on s'intéresse à l'idéal socioculturel et économique de la coopérative, c'est-à-dire au projet coopératif lui-même. Celui-ci constitue en soi une rupture par rapport aux mécanismes de gouvernance de l'entreprise capitaliste. De ce fait, une analyse basée uniquement sur la théorie de l'agence ne peut qu'ignorer l'essence même de la coopérative : les valeurs et les principes de l'économie sociale ainsi que les avantages socio-économiques et/ou culturels offerts aux membres[63]. Or, les théories notamment du contrat social et du contrat psychologique, bien que peu développées, permettent de considérer plusieurs dimensions de la coopérative.

---

59. F. NOËL, préc., note 62, p. 262.
60. *Loi sur les coopératives*, RLRQ., c. C-67.2, art. 39 et 42.
61. *Id., art. 38.1*; *Benkirane* c. *Association coopérative des taxis Québec*, 2014 QCCQ 4891; *De Montigny* c. *Taxis Coop de la Mauricie 1992*, 2011 QCCQ 849.
62. *Lajoie* c. *Coopérative de travail du Mont Victor Tremblay* 2008, QCCQ 12261; *Ouellet* c. *Club coopératif de consommation d'Amos* 2002, QCCQ 31881.
63. N-E. SADI et F. MOULIN, préc., note 15, p.44.

Conciliation entre la conformité à l'objet de la coopérative et la profitabilité

Soubassements de la théorie du contrat social

Ce deuxième chapitre qui décrit une autre réalité coopérative engage une réflexion critique autour de l'objet de la coopérative et les différents intérêts qu'elle représente.

La théorie du contrat social repose sur le postulat selon lequel les parties dans une relation ont une pluralité d'objectifs[1]. Il s'agit donc d'une théorie qui supporte la prise en compte de la maximisation du profit pour les investisseurs et la satisfaction des intérêts des membres de la coopérative[2]. Donc, la relation entre les différentes parties peut inclure à la fois des normes transactionnelles, c'est-à-dire celles faisant appel à la maximisation du profit et des normes relationnelles[3].

Cette théorie décrit parfaitement la réalité selon laquelle la coopérative est à la fois une association et une entreprise (la coopérative du point de vue de la *loi sur les coopératives*, c'est-à-dire une réalité légale)[4]. Donc, la théorie du contrat social englobe les soubassements de la théorie de l'agence à laquelle elle préconise d'intégrer la prise en compte des préoccupations extra pécuniaires. Dans cette perspective, elle est moins étroite que la théorie de l'agence. Dans ce schéma, le dirigeant a deux perceptions de son rôle : celui où il doit rechercher à maximiser le profit pécuniaire des investisseurs et des membres internes ainsi que celui où il doit chercher à satisfaire exclusivement les besoins socio-économiques et/ou culturels communs des membres[5].

Dès lors, pour la dimension prenant en compte les intérêts des investisseurs externes, le dirigeant est appelé à se conformer aux soubassements de la théorie de l'agence alors que pour celle qui prend en compte les besoins socio-économiques et/ou culturels communs

---

1. N-E. SADI et F. MOULIN, préc., note 15, p. 49.
2. C. CORNFORTH, préc., note 9, p. 85.
3. N-E. SADI et F. MOULIN, préc., note 15, p.50.
4. Julie ST-PIERRE et Marie J. BOUCHARD, De l'alliance à la gouvernance : logiques d'action et logiques d'acteur dans un centre financier aux entreprises Desjardins, Cahiers de la Chaire de recherche du Canada en économie sociale (CÉS), Collection Recherche – no R-2005-02, 2005, p. 590; CONSEIL QUÉBÉCOIS DE LA COOPÉRATION ET DE LA MUTUALITÉ, préc., note 4. Pour le Conseil québécois, l'association permet à chaque membre de grandir humainement et socialement alors que l'entreprise lui fournit des moyens et des occasions de développement.
5. N-E. SADI et F. MOULIN, préc., note 15, 51-52.

des membres internes, il est appelé à la conformité au projet coopératif[6]. Dans ce dernier cas, le dirigeant et le coopérateur se confondent[7]. C'est ce qui rend le risque de conflit quasi nul entre le dirigeant et le membre interne de la coopérative du fait de cette double qualité ou de la convergence d'intérêt (satisfaction des besoins socio-économiques et/ou culturels communs)[8].

L'on comprend que la théorie du contrat social prône une gouvernance basée sur les normes relationnelles avec une articulation entre ces dernières et les normes transactionnelles afin de prendre en considération l'ouverture de la coopérative aux investissements externes[9]. C'est ce qui définit à la fois un administrateur comme un représentant des membres-propriétaires et un spécialiste en termes de performance ou de la profitabilité de l'entreprise[10].

Au regard de cette théorie du contrat social, les mécanismes de gouvernance des coopératives portent d'une part, sur la recherche de la conformité à l'objet de la coopérative, c'est-à-dire les objectifs socio-économiques et/ou culturels communs et les règles d'action coopérative (2.1). Et d'autre part, sur la recherche de l'équilibre entre la maximisation du profit pécuniaire des membres internes et externes (2.2).

2.1 Une gouvernance s'articulant autour de la conformité à l'objet de la coopérative

En droit québécois, la coopérative est constituée pour satisfaire les besoins des membres-usagers conformément aux règles d'action coopérative[11]. Donc, l'objet de la coopérative se confond avec les besoins de ses membres. Dès lors, il s'amorce une réflexion autour des questions suivantes : quels sont ces besoins ? Ces besoins sont-ils

---

6. *Id.*, p. 44 et 51.
7. *Id.*, p. 50.
8. *Id.*
9. *Id.*, p. 44.
10. C. CORNFORTH, préc., note 9, p. 90.
11. *Loi sur les coopératives,* RLRQ., c. C-67.2, art. 3 et 4.

identiques à tous les types de coopératives au Québec ? Quels sont ces mécanismes de gouvernance permettant de satisfaire les besoins des membres des coopératives ?

Il y a lieu de répondre à ces différentes questions en analysant la notion de coopérative en droit québécois ainsi que les règles d'action coopérative. En effet, le droit québécois des coopératives ne définit pas la notion des besoins des membres. Il en fait une simple énonciation générique (2.1.1). Il se constate également le caractère hétérogène des besoins des membres en fonction des types de coopératives (2.1.2) alors que tous les mécanismes de gouvernance ne permettent pas de satisfaire de manière adéquate les besoins des membres des différents types de coopératives (2.1.3).

2.1.1 L'énonciation générique des besoins des membres caractéristique de l'objet de la coopérative

Les membres de la coopérative s'unissent en fonction de leurs besoins socio-économiques et/ou culturels communs[12]. Cette énumération des différents types de besoins des membres que la coopérative doit satisfaire manque de précision. Il est juridiquement impossible de savoir ce qu'on entend par un besoin économique, social ou culturel. Le législateur introduit des concepts extra juridiques sans pouvoir les définir ou en préciser le sens. Le risque juridique d'un tel manque de précision est celui de conduire à plusieurs interprétations différentes au sein du mouvement coopératif.

Dans la définition de la coopérative donnée par le Conseil québécois de la coopération et de la mutualité, on retient que, comme association, la coopérative permet à chaque coopérateur de grandir humainement et socialement alors que son volet d'entreprise lui fournit des moyens et des occasions de développement[13]. Donc, les besoins des membres sont à la fois ceux caractéristiques d'une association et d'une entreprise traditionnelle[14]. Même si cette définition

---

12. *Id.*, Art. 3.
13. CONSEIL QUÉBÉCOIS DE LA COOPÉRATION ET DE LA MUTUALITÉ, préc., note 4.
14. *Id.*

de la coopérative est un peu plus précise que celle donnée par le législateur, ces concepts de grandir humainement et socialement voire de développement restent également flous sur le plan juridique.

L'on constate qu'il y a une bonne volonté du législateur québécois d'encadrer la notion de coopérative en énumérant sommairement les concepts caractéristiques des différents besoins des membres. Cependant, le risque d'interprétation inhomogène au sein du mouvement coopératif étant élevé compte tenu du flou entourant les concepts « économique », « social » et « culturel » qu'il conviendrait d'en préciser le sens pour une meilleure compréhension de la notion de coopérative en droit québécois. En effet, le concept de besoin demeure subjectif et psychologique, qu'il est difficile d'affirmer par exemple que le besoin culturel d'un groupe des membres serait identique à celui d'un autre groupe. C'est peut-être la raison pour laquelle il est impossible de définir avec précision ce concept.

Toutefois, dès lors qu'il fait l'objet d'une énonciation en droit, il serait judicieux d'en déterminer les contours pour un meilleur encadrement. Par exemple, on pourrait préciser les caractéristiques juridiques des besoins culturels, sociaux ou économiques dans la définition de la coopérative.

2.1.2 Le caractère hétérogène des besoins des membres en fonction des types de coopératives

Au Québec, il existe plusieurs types de coopératives, à savoir ; les coopératives d'habitation, en milieu scolaire, de consommateurs, de producteurs, de travail, de travailleurs actionnaires, de solidarité et agricoles[15]. Il y a aussi les coopératives de services financiers qui, elles, sont régies par la *Loi sur les coopératives de services financiers*[16]. C'est le cas par exemple de la caisse Desjardins ou de toute fédération de caisses qui offre des services financiers[17]. Chacune de ces coopératives a un objet correspondant à sa propre nature ou à sa dénomination sociale.

---

15. *Loi sur les coopératives*, RLRQ., c. C-67.2.
16. *Loi sur les coopératives de services financiers*, RLRQ., c. C-67.3, art. 1.
17. *Id.*

Si la coopérative d'habitation a pour objet d'aider principalement ses membres à accéder à la propriété ou à l'usage d'une habitation, celui par exemple d'une coopérative en milieu scolaire est déterminé par ses membres[18]. Tous les autres types de coopératives poursuivent un objet différent les uns des autres. C'est la nature des besoins à satisfaire ou la qualité des membres qui détermine l'objet de la coopérative.

Par ailleurs, même si les besoins des membres dépendent du type de coopérative, il peut y avoir une contradiction au sein d'une même coopérative. Par exemple, dans une coopérative d'habitation les membres ont pour besoin d'accéder à la propriété ou au logement. Ce besoin peut être qualifié d'un besoin social commun exprimé par les membres qui constituent ce type de coopérative. Toutefois, qu'arrive-t-il si un membre décide de louer son logement afin de réaliser un profit pécuniaire? Ce besoin de mettre son logement en location, qui peut être qualifié globalement d'un besoin économique diffère du besoin social commun exprimé initialement dans ce cas par les membres, à savoir, l'accès au logement. Dès lors, il devient un besoin individuel différent des autres membres. Cela peut conduire à une situation de conflit entre les membres internes compte tenu de la contradiction des besoins. De même, un besoin économique commun des membres d'une coopérative en milieu scolaire ne sera pas forcément le même que celui des membres d'une coopérative d'habitation.

De ce fait, la définition actuelle de la coopérative ne reflète pas cette diversité des coopératives et n'envisage pas d'éventuels conflits quant aux besoins mêmes des membres d'une même coopérative. Le concept « en commun » dans la définition des besoins des membres ne prend pas en compte cette réalité coopérative. Les particularités propres à chaque type de coopérative conduisent à poursuivre la réflexion en vue de l'amélioration de la définition même de cette forme d'entreprise.

---

18. *Id.,* art. 220 et 221-3.

2.1.3 Des mécanismes de gouvernance ne pouvant satisfaire tous les besoins des membres des différents types de coopératives

Les mécanismes de gouvernance des coopératives se présentent sous le concept des règles d'action coopératives[19]. Ces règles qui sont au total de 8 selon l'article 4 de la *Loi sur les coopératives* sont complétées par d'autres principes énoncés par cette même loi tels que le principe de la réserve impartageable et celui de la réserve de valorisation[20].

Cependant, fort est de constater que ces différents mécanismes ne sont pas tous des outils de gouvernance parfaitement adéquats à tous les types de coopératives. Dans le cadre des coopératives qui sont admissibles au régime d'investissement coopératif, à savoir ; les coopératives de travail, de travailleurs actionnaires, de solidarité et de producteurs, les membres peuvent aussi être des investisseurs externes comme il a été souligné précédemment[21]. En effet, ceux-ci détiennent des parts privilégiées dont les droits et les privilèges sont déterminés par la loi et le règlement de la coopérative[22]. Cette coexistence entre les membres internes et externes de la coopérative peut poser un sérieux problème de gouvernance par rapport au mécanisme coopératif qui conditionne l'adhésion à la coopérative, à l'utilisation réelle par le membre des services offerts par cette dernière. Cette condition d'adhésion à la coopérative est en contradiction avec la catégorie des membres externes ou investisseurs, qui apportent simplement leurs capitaux à la coopérative sans être intéressés par l'utilisation réelle des services de cette dernière. Donc, cette règle ne semble pas répondre aux besoins des investisseurs externes qui sont à la recherche de la maximisation de leur profit. Contrairement aux membres internes, les investisseurs externes ne font aucune utilisation réelle des services de la coopérative. Il s'agit là d'un autre problème de gouvernance que pose cette règle malgré la coexistence de deux catégories distinctes des membres au regard de la théorie du contrat social.

---

19. *Id.,* art. 4.
20. *Id.,* art. 147 et 149-1.
21. *Loi sur le régime d'investissement coopératif,* RLRQ., c. R-8.1.1, art. 3.
22. *Id.,* art. 9.

En outre, d'autres mécanismes de gouvernance peuvent également n'être d'aucun intérêt pour le membre externe qui n'attend que la rémunération de son investissement. Par exemple, la règle de soutien au développement du milieu des membres de la coopérative peut être en contradiction avec les intérêts du membre investisseur. En effet, ce dernier pourrait être dérangé de voir qu'une partie de l'investissement serve au financement du développement du milieu des membres de la coopérative. Toutes les règles relatives à la promotion ou à la formation des membres peuvent également représenter des coûts financiers capables d'affecter le profit attendu et souhaité par les investisseurs externes.

Par ailleurs, il est également possible de se questionner sur la pertinence de la règle de l'intérêt limité sur le capital social pour les coopératives qui ne font pas appel aux investissements externes au regard de la *Loi sur le régime d'investissement coopératif*. On comprend l'idée d'encadrer la rémunération du profit pécuniaire dans la coopérative, mais dès lors que les membres internes ne cherchent qu'à satisfaire principalement leurs besoins socio-économiques et/ou culturels communs, ce mécanisme n'est probablement pas adapté. En effet, il n'y a aucune spéculation à craindre pour ces types de coopératives.

De tout ce qui précède, le constat est qu'il est difficile d'avoir à la fois le statut d'association et d'entreprise, mais cet équilibre n'est pas impossible. La réalité légale, c'est-à-dire du point de vue de la *loi sur les coopératives* et celle du *régime d'investissement coopératif* est que la coopérative a besoin des capitaux pour assurer son développement, mais elle doit aussi affirmer son identité. Malgré plusieurs contradictions constatées, un débat important pourra permettre la mise en place des mécanismes de gouvernance équilibrés.

2.2 Une gouvernance basée sur la recherche de l'équilibre entre la maximisation du profit pécuniaire des membres internes et celui des membres externes : le cœur de la théorie du contrat social

Il est vrai que la maximisation du profit n'est pas la caractéristique originale de la coopérative[23]. Toutefois, comme il a déjà été dit dans le premier chapitre, le profit pécuniaire n'est pas absent de ce type d'entreprise[24]. En effet, une coopérative reste une entreprise comme les autres, qui a besoin des capitaux pour se développer, être compétitive et viable (sa dimension d'entreprise)[25]. En contrepartie, elle doit rémunérer les investisseurs, qui, eux, sont à la recherche du profit pécuniaire conformément aux principes de la théorie de l'agence (un volet compris dans la théorie du contrat social)[26]. Le profit pécuniaire est particulièrement présent dans les coopératives admissibles au régime d'investissement coopératif du fait de la coexistence entre les membres internes (propriétaires collectifs ou usagers) et les investisseurs externes (propriétaires individuels)[27].

La théorie du contrat social repose donc, sur un savant dosage entre les mécanismes de gouvernance liés à l'atteinte des objectifs socio-économiques et/ou culturels communs des membres internes

---

23. Marie J. BOUCHARD et Benoît LÉVESQUE, « Économie sociale et innovation. L'approche de la régulation, au cœur de la construction québécoise de l'économie sociale », Co-publication Chaire de recherche du Canada en économie sociale et Centre de Recherche sur les innovations, 2010, p. 10, en ligne ; <http://www.chaire.ecosoc.uqam.ca/Portals/ChaireEcoSoc/docs/pdf/cahiers/R-2010-04.pdf> (consulté le 8 avril 2013) ; Jean-Louis LAVILLE, « L'économie sociale et solidaire en Europe », les notes de l'Institut Karl Polany, 2000, p. 8, en ligne : <http://www.karlpolanyi.org/02_les%20notes/pdf/05economie.pdf> (consulté le 12 avril 2013).

24. Rapport d'études publiées par ERNST & YOUNG S.R.L en janvier 2013 et intitulé « La gouvernance éclairée des coopératives : Établir un équilibre entre le rendement et les principes plus généraux des coopératives et des mutuelles », P.4, en ligne : <http://www.ey.com/Publication/vwLUAssets/La-gouvernance-eclairee-des-coop%E9ratives/$FILE/La-gouvernance-eclairee-des-cooperatives-FR.pdf> (consulté le 17 juillet 2016).

25. *Id.*

26. C. CORNFORTH, préc., note 9, p. 85 ; P. ASCHpréc., note 22, p. 93 ; E. MACKAAY, préc., note 22, p. 495 ; I. TCHOTOURIAN, préc., note 22.

27. *Loi sur le régime d'investissement coopératif*, RLRQ., c. R-8.1.1, art. 3.

et ceux relatifs à leurs aspirations pécuniaires ainsi, qu'aux attentes des investisseurs externes au regard de la théorie de l'agence. Cet équilibre permet de maintenir un contrôle sur les dirigeants dans le but de respecter les intérêts tant des membres internes qu'externes[28].

Toutefois, la double casquette de la coopérative, qui représente des intérêts naturellement opposés des membres internes et externes présente quand même un risque de gouvernance. En effet, si le CA est exclusivement représentatif et issu de la base, il risque de se préoccuper uniquement de la conformité des gestionnaires aux valeurs et principes coopératifs, qui permettent d'atteindre l'objectif socio-économique et/ou culturel commun des membres[29]. Dès lors, l'aspect de la performance ou de la profitabilité de l'entreprise sera négligé[30]. D'où la question de savoir, quels sont les mécanismes de gouvernance de la *Loi sur les coopératives* qui permettent d'établir un équilibre entre les intérêts pécuniaires des membres internes et ceux des membres externes et quelle éventuelle contradiction avec l'objet de la coopérative ?

Au Québec, ce dosage peut se remarquer dans les efforts du mouvement coopératif et du législateur québécois à travers certains principes visant à préserver tant les intérêts des membres internes qu'externes. C'est le cas notamment du principe de l'impartageabilité de la réserve entre les membres internes et de la distribution des excédents malgré leurs contradictions d'une part, (2.2.1). D'autre part, le principe de la partageabilité de la réserve de valorisation au profit des investisseurs ou membres externes (2.2.2)[31].

---

28. N-E. SADI et F. MOULIN, préc., note 15. p. 51.
29. C. CORNFORTH, préc., note 9, p. 93.
30. *Id.*
31. *Loi sur les coopératives*, RLRQ., c. C-67.2, art.

2.2.1 Des mécanismes visant à protéger l'intérêt pécuniaire des membres internes malgré des contradictions

La réserve générale est un capital collectif qui bénéficie à tous les adhérents, qu'ils soient présents ou futurs[32]. Cet avoir dont la constitution est obligatoire est déclaré impartageable entre les membres tout au long de l'existence de la coopérative et sujet à la « dévolution désintéressée en cas de liquidation ou de dissolution »[33]. En effet, l'interdiction de partager cet avoir collectif est instaurée afin de lui permettre de jouer un rôle de levier de soutien au développement de la coopérative et du mouvement coopératif dans son ensemble[34]. Par exemple, dans une coopérative d'habitation, la réserve générale constituée ou les profits retournés au mouvement coopératif lors de la liquidation d'une autre coopérative grâce à la dévolution désintéressée, doivent servir de levier pour de nouveaux projets d'habitation[35]. Ce type de coopérative doit également disposer d'une réserve suffisante pour assurer l'entretien et la préservation de l'immeuble[36].

L'autofinancement de la coopérative s'avère profitable aux membres internes, car leur intérêt se confond avec celui de la coopérative. Pour rappel, la coopérative a pour objet la satisfaction des intérêts socio-économiques et/ou culturels communs des membres[37]. Plus particulièrement, une coopérative qui a une réserve suffisante peut racheter ou rembourser les parts sociales d'un membre sortant ou encore en cas de décès, etc.[38] Cela est donc bénéfique aux membres internes.

---

32. Jean-Pierre GIRARD et Michel CLÉMENT, « La réserve impartageable : origine, évolution et situation actuelle », Québec, Publ. en collab. avec : Université du Québec à Montréal, Chaire de la coopération Guy-Bernier, 1998, p. 9-10.
33. *Loi sur les coopératives*, RLRQ., c. C-67.2, art. 4 ; F. NOËL, préc., note 62, p. 260 ; D. DJEDI DONGAMBOLO OHONGEpréc., note 4, p. 2.
34. *Loi sur les coopératives*, RLRQ., c. C-67.2, art. 221.2.3, 4 et 90.7 ; *Directeur des poursuites criminelles et pénales* c. *Lépine*, 2014 QCCQ 12350 ; F. NOËL, préc., note 62, p.263-264.
35. *Id.*
36. *Loi sur les coopératives*, RLRQ., c. C-67.2, art. 221.2.3.
37. *Id.*, art. 3.
38. *Id.*, art. 38.

Même si ce mécanisme d'interdiction de partager la réserve générale représente un levier de soutien au développement de la coopérative et un intérêt pour les membres internes, fort est de constater qu'il ne fait pas expressément partie de la notion juridique de la coopérative. En outre, du point de vue strictement pécuniaire, il peut quand même être en contradiction avec les besoins des certains membres. Il a été évoqué par exemple le cas d'un membre d'une coopérative d'habitation qui met en location son logement pour en tirer un profit financier. L'interdiction de partager la réserve peut alors être en contradiction avec son objectif strictement financier. Cette règle de l'interdiction de partager la réserve générale est également contradictoire par rapport au mécanisme de distribution de la ristourne aux membres internes au prorata des opérations effectuées avec la coopérative[39].

Le mécanisme d'attribution des ristournes aux membres diffère néanmoins de la distribution de dividendes proportionnellement aux actions possédées par les actionnaires dans une entreprise classique[40]. C'est un mécanisme de rémunération du capital propre à la coopérative[41]. En effet, cette rémunération dépend des opérations effectuées avec la coopérative et non pas sur la base du nombre des parts détenues[42].

Le problème est qu'une coopérative peut, dans ses statuts, renoncer à la possibilité de verser une ristourne à ses membres[43]. Ce qui rendrait quasi nul ce mécanisme de profitabilité pour les membres internes. Cela peut être une autre source de contradiction avec les besoins de certains membres internes, qui attendraient la distribution des ristournes au prorata de leurs opérations effectuées avec la coopérative. Un débat profond également sur ces questions s'avère nécessaire en vue de l'amélioration de la gouvernance des coopératives.

---

39. *Id.*, art. 4.
40. Émile COLAS, *Les caractéristiques originales de la coopération en droit québécois*, thèse de doctorat, Université d'Ottawa, 1980, p. 159.
41. *Loi sur les coopératives*, RLRQ., c. C-67.2, art. 4.
42. *Id.*, art. 151.
43. *Coop de solidarité entre-nous et la ville de Laval*, 2009 QC CMNQ 60924.

2.2.2 Un mécanisme visant à protéger l'intérêt pécuniaire des membres externes : la réserve de valorisation

La réserve de valorisation est un avoir partageable entre les membres investisseurs, constitué par les coopératives admissibles au régime d'investissement coopératif afin de valoriser leurs services[44]. C'est donc un mécanisme d'attractivité des investisseurs dans ces différents types de coopératives.

Le conseil d'administration ne peut constituer la réserve de valorisation que si le solde de la réserve générale est positif[45]. Il affecte à la réserve de valorisation une partie des excédents réalisés avec les non-membres[46]. Toutefois, ces sommes peuvent être diminuées afin de couvrir tout solde déficitaire de la réserve générale[47]. Ce qui peut constituer une insécurité juridique pour les investisseurs. En effet, ils peuvent perdre à tout moment les chances de partager cette réserve au profit de la réserve générale[48].

La réserve de valorisation est constituée et distribuée aux investisseurs sortants ou au moment de la liquidation de la coopérative[49]. Cette distribution doit s'effectuer sous forme de ristournes au prorata des opérations réalisées avec la coopérative[50]. Le problème est que ce mode de partage ne correspond pas au statut des investisseurs externes à qui sont destinés la réserve de valorisation. En effet, les membres externes ne font pas des affaires avec la coopérative contrairement aux membres internes. Ils lui apportent tout simplement leurs capitaux. Il y a donc une contradiction de soumettre leur mode de distribution à celui des membres internes.

---

44. *Loi sur les coopératives*, RLRQ., c. C-67.2, art. 149.1.
45. *Id.*, art. 149.3.
46. *Id.*
47. *Id.*
48. *Id.*
49. *Id.*, art. 38.
50. *Id.*, art. 149.2.

L'existence des investisseurs externes constituent l'ouverture de la coopérative à l'entreprise classique. Cependant, leurs intérêts sont en contradiction avec l'objet et la définition actuelle de la coopérative qui sont basés uniquement sur la satisfaction des besoins socio-économiques et/ou culturels communs des membres.

La prise en compte sur le plan juridique de la réalité des investisseurs externes dans la définition même de la coopérative permettra d'aboutir à une notion plus cohérente et harmonieuse de cette dernière. Cela permettra tout simplement de faire évoluer sa définition en tenant compte des changements et des adaptations qui affectent sa nature et son environnement global.

La théorie du contrat social décrit parfaitement une double réalité coopérative : association et entreprise. La divergence des intérêts des membres et des investisseurs pose de sérieux problèmes de gouvernance. Une réflexion s'est amorcée autour notamment de la notion même de la coopérative et des contradictions constatées des certains mécanismes de gouvernance. Toutefois, cette théorie ignore la dimension informelle de la coopérative.

3

La réciprocité des relations entre les coopérateurs et la coopérative dans la réalisation de leurs attentes réelles et abstraites

Théorie du contrat psychologique

Ce troisième chapitre amorce une analyse critique de la réalité coopérative basée sur l'informel ou la dimension psychologique. Cela n'est pas pris en compte par les deux précédentes théories. Il y a dans la coopérative, des comportements qui reposent sur des normes édictées par les membres eux-mêmes qu'on appelle les valeurs coopératives (donc la coopérative du point de vue de l'ACI, c'est-à-dire sans contrainte légale)[1].

En effet, le contrat psychologique repose sur la réciprocité des relations entre les coopérateurs et la coopérative dans la réalisation de leurs attentes réelles et abstraites[2]. Chaque partie s'attend à ce que l'autre respecte ses attentes afin de maintenir une relation durable et non conflictuelle dans la coopérative[3]. Cette dimension relationnelle sur laquelle repose le contrat psychologique permet à la coopérative de satisfaire les aspirations réelles et abstraites des membres[4]. L'administrateur est alors perçu d'une part, comme un agent-commettant et doit s'assurer que la coopérative agit conformément aux intérêts des membres. D'autre part, il est perçu comme un intendant, c'est-à-dire qu'il doit chercher la performance de la coopérative en s'appuyant sur ses propres stratégies[5]. Cette théorie se rapproche de celle de contrat social, sauf qu'elle se situe dans l'informel.

Cette ambivalence de rôle n'est pas sans difficulté sur le plan de la gouvernance de la coopérative. En effet, sur quel fondement ou mécanisme coopératif les membres et la coopérative peuvent-ils fonder la réciprocité de leurs attentes réelles ? Quelles sont les sanctions en cas de non-réciprocité dans la réalisation des attentes réelles ? Quels sont les mécanismes coopératifs qui permettent à chaque partie de croire que l'autre respectera la réciprocité dans la réalisation des attentes réelles ou commerciales ? Autrement dit, qu'est-ce qui garantirait ces attentes abstraites des parties ou leur confiance mutuelle dans l'atteinte réciproque des attentes réelles ?

---

1. ALLIANCE COOPÉRATIVE INTERNATIONALE, préc., note 4 : la prise en charge et la responsabilité personnelles et mutuelles, la démocratie, l'égalité, l'équité et la solidarité, l'honnête, la transparence, la responsabilité sociale et l'altruisme
2. N-E. SADI et F. MOULIN, préc., note 15, p. 48-49.
3. *Id.,* p. 49.
4. *Id.*
5. C. CORNFORTH, préc., note 9, p. 93.

La législation sur les coopératives du Québec conditionne l'adhésion d'un membre à l'utilisation réelle des services de la coopérative. Cette règle fonde une relation d'intérêt ou une réciprocité d'attentes réelles entre les membres et la coopérative (3.1). Au-delà des règles régissant l'action coopérative, l'ACI édicte des valeurs dites coopératives, qui sont censées guider les membres et la coopérative dans l'application des règles coopératives. Elles sont donc un gage de confiance dans la réciprocité de la réalisation des attentes des membres et de la coopérative (3.2).

3.1 La subordination de l'adhésion d'un membre à l'utilisation réelle des services de la coopérative : fondement de la réciprocité des attentes réelles entre les membres et la coopérative

Les attentes réelles réciproques des membres et de la coopérative peuvent être nombreuses. Elles ont une dimension économique, sociale et pécuniaire ou commerciale[6]. En dehors de tout engagement formel, les attentes réelles des coopérateurs tournent par exemple autour de la rémunération, du climat social, de l'apprentissage, des droits politiques et d'un certain profit[7]. C'est ce qui renvoie même à l'objectif socio-économique de la coopérative, à l'esprit de coopération contrairement à celui de compétition, aux principes de démocratie, de solidarité et de formation examinés précédemment.

Les différentes aspirations des membres doivent être satisfaites par la coopérative afin de maintenir durablement la relation avec ces derniers. À l'inverse, un membre fictif ou qui n'utilise pas les services de la coopérative n'aura pas cette qualité. Par conséquent, il ne pourra réclamer à la coopérative la réalisation de ses attentes réelles. Néanmoins, il pourra continuer à échanger avec la coopérative comme un non-membre.

---

6. N-E. SADI et F. MOULIN, préc., note 15, p. 48-49 ; D. DJEDI DONGAMBOLO OHONGE, préc., note 4, p. 288.
7. N-E. SADI et F. MOULIN, préc., note 15, p. 48-49.

Peu importe la nature des attentes réelles à satisfaire, la réciprocité semble être un élément fondamental dans cet équilibre entre les membres et la coopérative. Mais, la simple réciprocité suffit-elle à maintenir cet équilibre dans la durée ?

Sur le plan purement commercial, la coopérative est une entreprise qui évolue dans un marché concurrentiel. De ce fait, ses services ou ses produits sont en concurrence avec ceux produits par d'autres types d'entreprises sur le plan notamment de la qualité et du prix. Pour continuer à exister dans son secteur d'activités, l'équipe dirigeante doit multiplier des stratégies qui lui permettent d'être compétitive. Si les membres s'attendent à bénéficier des produits et des services de qualité, la coopérative quant à elle, s'attend au paiement du prix convenu. Cette question de la qualité des produits et des services est d'autant plus importante qu'il est possible de se demander quel est serait par exemple, l'intérêt d'un membre d'une coopérative de consommation de continuer à acheter un produit de moindre qualité à un prix élevé ou équivalent à celui sur le marché ?

Certes, le principe de solidarité peut permettre de penser que le membre privilégierait l'esprit coopératif et continuerait à acheter les produits ou services de la coopérative même s'ils sont de moindre qualité. Cependant, il existe un risque de sanction de la part du membre qui peut rompre sa relation avec la coopérative en choisissant de se procurer un produit de meilleure qualité sur le marché[8]. Tout comme la loi sanctionne un membre fictif, c'est-à-dire celui qui n'utilise pas réellement les services de la coopérative, il n'est pas exclu que le membre adopte la même attitude envers la coopérative si le produit est de mauvaise qualité par rapport au marché.

La qualité des produits et des services vendus par la coopérative peut s'avérer aussi importante pour maintenir le lien transactionnel ou d'échange entre le membre et cette dernière. Cela implique que l'administrateur qui est à la fois un agent-commettant et un intendant puisse non seulement avoir l'esprit coopératif, mais aussi des compétences techniques qui lui permettent de mieux concilier les

---

8. D. DJEDI DONGAMBOLO OHONGE, préc, note 4, p. 290.

attentes réciproques. La coopérative a des atouts pour réussir à avoir des équipes managériales compétentes, car la formation fait partie intégrante de ses principes.

Dans l'état actuel de la législation sur les coopératives, seule la réciprocité reste un élément déterminant dans la durabilité de la relation entre le membre et la coopérative. Le membre doit faire une utilisation réelle des services de la coopérative tandis que celle-ci existe pour satisfaire les besoins de ses membres[9].

La qualité des services fournis par la coopérative n'est pas expressément mentionnée par le législateur comme un élément qui peut servir au maintien de la relation. Or, cela peut être à la base du désintérêt que peut éprouver un membre vis-à-vis de la coopérative. C'est un autre problème que le législateur pourrait prendre en compte dans le cadre des discussions sur la réforme prochaine de la *Loi sur les coopératives* afin de renforcer la gouvernance des coopératives.

3.2 Les valeurs coopératives comme mécanismes de confiance ou d'attentes abstraites entre les membres et la coopérative

L'action coopérative repose sur des valeurs édictées par l'ACI. Ces valeurs sont celles de la prise en charge et la responsabilité personnelles et mutuelles, de la démocratie, de l'égalité, de l'équité et la solidarité, de l'honnête, de la transparence, de la responsabilité sociale et l'altruisme[10].

La question qui mérite d'être posée est celle de savoir, dans quelle mesure ces mécanismes peuvent-ils rencontrer les attentes abstraites des membres et de la coopérative dans la réalisation des leurs aspirations ou besoins réciproques ? Autrement dit, quelles sont les valeurs qui peuvent garantir cette confiance mutuelle des membres et de la coopérative ?

---

9. *Loi sur les coopératives*, RLRQ., c. C-67.2, art. 3 et 4.
10. ALLIANCE COOPÉRATIVE INTERNATIONALE, préc., note 4 ; D. DJEDI DONGAMBOLO OHONGE, préc, note 4, p. 219.

Le coopératisme place l'être humain au cœur de la coopération, car celui-ci est au-dessus du capital[11]. En effet, dans cette forme d'entreprise, le profit financier ne fait pas partie de ses priorités que l'on a déjà évoquées. L'on fait davantage confiance à l'être humain, c'est-à-dire à sa capacité de respecter les valeurs auxquelles il a librement adhéré qu'au capital apporté[12]. Cette absence de priorité accordée au capital ou au profit financier est la conséquence du caractère fondamental des valeurs édictées par l'ACI. L'adhésion du membre à la coopérative et donc à ces valeurs, permet de croire en sa bonne foi de respecter ses engagements coopératifs vis-à-vis des autres et de la coopérative. C'est donc sur la base de ces valeurs édictées par l'ACI et auxquelles adhèrent les coopérateurs en devenant membres, que ces derniers et la coopérative se font confiance quant au respect par chaque partie des attentes réelles réciproques.

Il s'agit néanmoins d'une croyance théorique que tous les coopérateurs et la coopérative agissent conformément aux différentes valeurs édictées par l'ACI dans la réalisation de leurs attentes réelles. Aucun élément objectif ne permet de garantir par exemple l'honnêteté de tous les coopérateurs ou de la coopérative dans leur relation quotidienne. Il est très difficile voire impossible de rentrer dans la tête d'un membre pour savoir ce qu'il pense ou pour chercher la certitude qu'il agira selon les attentes des autres.

Par ailleurs, il n'y a aucune sanction qui sera infligée à la partie qui ne respecte pas les attentes réciproques de l'autre sur la base des valeurs édictées par l'ACI. La seule sanction possible reste dans l'informel ou le désengagement du membre non satisfait. C'est ce qui constitue la faiblesse actuelle de ces mécanismes (valeurs coopératives). Dès lors, il conviendrait de réfléchir sur les mécanismes qui permettent de garantir de manière objective les attentes réciproques des coopérateurs et de la coopérative. Par exemple, il s'agirait de contraindre juridiquement chaque partie au respect de la réalisation des attentes réelles réciproques attendues. Il conviendrait également de définir de manière claire et exhaustive les attentes réelles des membres et de la coopérative selon chaque type de coopérative afin d'éviter toute confusion ou toute mauvaise interprétation.

---

11. C. BÉLAND, préc., note 72, p. 158-159.
12. C. BÉLAND, préc., note 72.

Observations finales

Il sied de rappeler qu'une seule théorie économique ne permet pas de rendre compte de la réalité de la coopérative ou d'analyser profondément ses mécanismes de gouvernance compte tenu de la complexité de ce type d'organisation. Toutefois, bien que décrivant la réalité coopérative, les trois théories ayant servi de cadre d'analyse de cette étude ne peuvent pas à elles seules, mettre en exergue toutes les contradictions des mécanismes de gouvernance des coopératives.

La théorie de l'agence est particulièrement limitée dans l'analyse de la coopérative, car ne s'adaptant pas à l'objet socio-économique et/ou culturel de cette dernière. Des recherches devront donc se poursuivre afin d'essayer d'aboutir à une seule théorie pouvant rendre compte de la réalité globale de la coopérative y compris ses contradictions en matière de gouvernance. Par exemple, l'on constate qu'il est impossible pour les investisseurs externes de contrôler les gestionnaires de la coopérative, car ils n'ont pas le droit de vote. Même s'ils avaient hypothétiquement le contrôle de la gestion, le statut de bénévole des administrateurs conduit dans une certaine mesure ces derniers à être moins impliqués dans les affaires de la coopérative.

De plus, le CA n'a généralement pas les compétences techniques nécessaires pour guider et faire appliquer les orientations stratégiques de l'entreprise, car il est composé des membres internes élus. Ces derniers n'ont pas toujours les compétences techniques requises. Dès lors, il est difficile pour un investisseur externe, qui est à la recherche de la maximisation de son profit de rencontrer les exigences d'une entreprise classique en matière de gestion de ses actifs.

Il y a aussi la contradiction que pose le mécanisme de l'intérêt limité sur le capital par rapport aux détenteurs de parts privilégiées participantes, qui sont à la recherche de la maximisation du profit.

Malgré ces problèmes de gouvernance, il convient de constater qu'un investisseur externe peut investir de façon profitable dans une coopérative au Québec.

Premièrement, le mécanisme de la réserve de valorisation est un outil d'attractivité des investisseurs externes dans les coopératives admissibles au régime d'investissement coopératif, car cette réserve est un avoir partageable entre eux.

Deuxièmement, les détenteurs des parts privilégiées participantes, qui peuvent être des personnes physiques ou des sociétés, ont un rendement annuel possible de 25 % maximal sur lesdites parts. Le législateur prévoit également que l'intérêt attaché aux parts privilégiées participantes peut inclure une participation aux trop-perçus ou excédents à hauteur de 25 % maximal.

Lorsque le règlement de la coopérative prévoit plusieurs catégories de ces types de parts, la *Loi sur les coopératives* oblige le conseil d'administration à déterminer le montant, les privilèges, les droits et les restrictions ainsi que les conditions de rachat, de remboursement ou de transfert afférents à chacune de ces catégories.

En définitive, cette étude recommande de renforcer les dimensions d'entreprise et d'association de la coopérative par l'adoption d'une part, des mécanismes permettant la protection des intérêts des investisseurs externes en initiant un débat sur les faiblesses ou les contradictions des mécanismes actuels de gouvernance.

D'autre part, la protection des différents intérêts des membres internes en fonction de types de coopératives au Québec et en considération des faiblesses constatées quant aux concepts de coopérative, de son objet et des besoins à satisfaire identité coopérative).

Tables bibliographiques

Table de la législation

Texte fédéral
Loi canadienne sur les sociétés par actions, L.R.C. 1985, c. C-44.

Textes québécois
Loi sur les coopératives, RLRQ., c. C-67.2.
Loi sur les coopératives de services financiers, RLRQ., c. C-67.3.
Loi sur les valeurs mobilières, RLRQ., c. V-1.1.
Loi sur le régime d'investissement coopératif, RLRQ., c. R-8.1.1.
Loi sur les sociétés par actions, RLRQ., c. S-31.1.
Loi concernant les paramètres sectoriels de certaines mesures fiscales, RLRQ c P-5.

Table de la jurisprudence
Baldé c. Coopérative d'habitation Les Deux Rues, 2009 QCCS 5270.
BCE Inc. c. Détenteurs de débentures de 1976, [2008] 3 R.C.S. 560.
Benkirane c. Association coopérative des taxis Québec, 2014 QCCQ 4891.
Coop de solidarité entre-nous et la ville de Laval, 2009 QCCMNQ 60924.
De Montigny c. Taxis Coop de la Mauricie 1992, 2011 QCCQ 849.
Directeur des poursuites criminelles et pénales c. Lépine, 2014 QCCQ 12350.
Lajoie c. Coopérative de travail du Mont Victor Tremblay, 2008 QCCQ 12261.
Magasins à rayons Peoples inc. (Syndic de) c. Wise, [2004] 3 R.C.S. 461.
Ouellet c. Club coopératif de consommation d'Amos, 2002 QCCQ 31881.

Bibliographie

Monographies et ouvrages collectifs
ASCH, P., Economic theory the antitrust dilemma, New York, John Wiley and Sons, Inc., 1970.

BELAND, C., *L'évolution du coopératisme dans le monde et au Québec*, Anjou, Éditions Fides, 2012.

CHOMEL, C., F. DECLERCK, M. FILIPI, O. FREY et R. MAUGET, Les coopératives agricoles : Identité, gouvernance et stratégies, Éditions Larcier, Bruxelles, 2013.

CRETE, C. et F. ROUSSEAU, Droit des sociétés par actions, 3e édition, Montréal, Édition Thémis, 2011.

DURAND-BARTHEZ, P., Le guide de la gouvernance des sociétés, éd. Dalloz, Paris, 2016.

FUTTER, V., J.-A. CION et G.-W. OVERTON, Non-profit Governance and Management, American Society of Corporate Secretaries: Chicago, Ill. : Section of Business Law, American Bar Association, 2002, p. 3-669; American Bar Association, The committee on Non-profit Corporations, Chicago, I11, 1986.

FAIRBAIRN., B., *The meaning of Rochdale: The Rochdale pioneers and the co-operatives principle, occasional paper series*, Centre for the study of Co-operatives, University of Saskatchewan, 1994.

MACEY, J.-R., Corporate governance: promises kept, promises broken, New jersey, Princeton University Press, 2008.

MACKAAY, E., Analyse économique du droit, 2e éd., Paris, Édition Dalloz, 2008.

MALECKI, C., *Responsabilité sociale des entreprises : perspectives de la gouvernance d'entreprise durable*, Issy-les-Moulineaux, Éditions LGDJ, 2014.

MONKS, R., A.G. and N. MINOW, Corporate governance, 3rd ed. Malden, Blackwell Publishing, 2004.

MUNOZ, J., M. RADRIGAN RUBIO et Y. REGNARD, La gouvernance des entreprises coopératives, Presses Universitaires de Rennes, 2008.

NOËL, F., *Droit québécois des coopératives*, volume 1, Institut de recherche et d'enseignement pour les coopératives de l'Université de Sherbrooke, faculté des arts, 1982.

O'KELLEY, C., R.T. and R.-B. THOMPSON, Corporations and other business associations: cases and materials, Seventh ed. New York, Wolkers Kluwer Law and Business, 2014.

PICHETTE, C avec la collab. de J.-C. MAIILHOT, *Analyse microéconomique et coopérative*, Sherbrooke, La Chaire de Coopération du Département de Science économique de l'Université de Sherbrooke et du Conseil de la Coopération du Québec, 1972.

ST-PIERRE, J. et M.-J. BOUCHARD, De l'alliance à la gouvernance : logiques d'action et logiques d'acteur dans un centre financier aux entreprises Desjardins, Cahiers de la Chaire de recherche du Canada en économie sociale (CÉS), Collection Recherche – no R-2005-02, 2005.

Articles de revue et études d'ouvrages collectifs

BOUCHARD, M.-J. et B. LÉVESQUE, « Économie sociale et innovation. L'approche de la régulation, au cœur de la construction québécoise de l'économie sociale », Co publication Chaire de recherche du Canada en économie sociale et Centre de Recherche sur les innovations, 2010, en ligne ; <http://www.chaire.ecosoc.uqam.ca/Portals/ChaireEcoSoc/docs/pdf/cahiers/R-2010-04.pdf> (consulté le 8 avril 2013).

CHARREAUX, G., « Les théories de la gouvernance : de la gouvernance des entreprises à la gouvernance des systèmes nationaux », Cahier du FARGO (2004), n° 1040101.

CORNFORTH, C., « La gouvernance des coopératives et des sociétés mutuelles : une perspective de paradoxe », Économie et Solidarité, volume 35, numéro 1-2, 2004.

DIDIER, P., « Quelles normes pour la RSE ? », dans F.-G. TRÉBULLE et O. UZAN (dir.), *Responsabilité sociale des entreprises : regards croisés, droit et gestion*, vol. 42, Paris, Éditions Economica, 2011.

ENJOLRAS, B., « Approche théorique de la gouvernance des organisation non lucratives », Revue internationale de l'économie sociale : Recma, n° 314, 2009.

GIRARD, J.-P. et M. CLÉMENT, « La réserve impartageable : origine, évolution, situation actuelle », Québec, Publ. en collab. avec : Université du Québec à Montréal, Chaire de la coopération Guy-Bernier Chaire de la coopération Guy-Bernier, 1998.

MARTIN, A., E. MOLINA et M. LAFLEUR, « Le paradigme coopératif : proposition renouvelée pour répondre aux attentes de la société actuelle », Sherbrooke, Cahiers de l'Institut de recherche et d'éducation pour les coopératives et pour les mutuelles de l'Université de Sherbrooke, 2008.

PÉRILLEUX, A., « La gouvernance des coopératives d'épargne et de crédit en microfinance : un enjeu de taille », *Reflets et perspectives de la vie économique* 3/2009 (Tome XLVIII).

ROUSSEAU, S. et I. TCHOTOURIAN, « Normativité et responsabilité sociale des entreprises : L'illustration d'une construction polysémique du droit de part et d'autre de l'Atlantique », dans F.-G. TRÉBULLE et O. UZAN (dir.), *Responsabilité sociale des entreprises : regards croisés, droit et gestion,* vol. 42, Paris, Éditions Economica, 2011.

TCHOTOURIAN, I., « La loi Grenelle II où le temps de réviser la gouvernance actionnariale : propos iconoclastes d'un juriste sur l'avenir des théories économiques et financières », en ligne : <https://papyrus.bib.umontreal.ca/xmlui/bitstream/handle/1866/4670/Project_Revue Financier_IT.pdf?sequence=1&isAllowed=y> (consulté le 6 septembre 2016).

TRÉBULLE, F.-G., « Quel droit pour la RSE ? », dans F.-G. TRÉBULLE et O. UZAN (dir.), *Responsabilité sociale des entreprises : regards croisés, droit et gestion*, vol. 42, Paris, Éditions Economica, 2011.

SADI, N.-E. et F. MOULIN, « Gouvernance coopérative : un éclairage théorique », Revue internationale d'économie sociale : Recma, n° 333 2014.

Pages internet

ALLIANCE COOPÉRATIVE INTERNATIONALE, Identité coopérative, en ligne : <https://www.ica.coop/fr/coopératives/identite-cooperative> (consulté le 21 octobre 2019).

LE CONSEIL QUÉBÉCOIS DE LA COOPÉRATION ET DE LA MUTUALITÉ, Principes et valeurs coop, en ligne : <https://www.cqcm.coop/qui sommesnous/principes-et-valeurs-coop/> (consulté le 21 octobre 2019).

INSTITUT FRANÇAIS DES ADMINISTRATEURS, GUIDE DES GOUVERNANCES DES COOPÉRATIVES ET DES MUTUELLES, Paris, 2013, p. 15, en ligne : <http://www.avise.org/sites/default/files/atoms/files/ifa_201312_gouvernance_coop_mutuelle.pdf> (Consulté le 20 juillet 2016).

MINISTÈRE DU DÉVELOPPEMENT ÉCONOMIQUE, DE L'INNOVATION ET DE L'EXPORTATION, Direction des coopératives. *Loi sur les coopératives*, Foire aux questions, Québec, Gouvernement du Québec, 2006, en ligne : <http://collections.banq.qc.ca/ark:/52327/bs35273> (consulté le 10 août 2015).

Rapport d'études publiées par ERNST & YOUNG S.R.L en janvier 2013 et intitulé « La gouvernance éclairée des coopératives : Établir un équilibre entre le rendement et les principes plus généraux des coopératives et des mutuelles », P.4, en ligne : <http://www.ey.com/Publication/vwLUAssets/La-gouvernance-eclairee-des-coop%E9ratives/$FILE/La-gouvernance-eclairee-des-cooperatives-FR.pdf> (consulté le 17 juillet 2016).

Thèses et Mémoires

COLAS, E., *Les caractéristiques originales de la coopération en droit Québécois*, thèse de doctorat, Université d'Ottawa, 1980.

DJEDI DONGAMBOLO OHONGE, D., Le principe québécois de l'impartageabilité des coopératives non financières : discussion critique autour du maintien ou de la suppression, thèse de doctorat, Université de Montréal, 2016.